UN

POITEVIN EN ROUSSILLON

AU XVe SIÈCLE

NOTICE

SUR CHARLES DE SAINT-GELAIS, ÉVÊQUE D'ELNE (1470-75)

PAR

LE MAJOR E. DE FOUCHIER

LIBRAIRIE DE HENRI OUDIN

H. OUDIN FRÈRES, SUCCESSEURS

POITIERS
4, rue de l'Éperon, 4

PARIS
68, rue Bonaparte, 68

1877

UN

POITEVIN EN ROUSSILLON

AU XVe SIÈCLE.

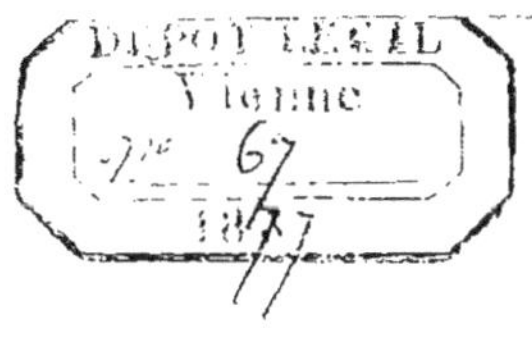

UN

POITEVIN EN ROUSSILLON

AU XVe SIÈCLE

NOTICE

SUR CHARLES DE SAINT-GELAIS, ÉVÊQUE D'ELNE (1470-75)

PAR

LE MAJOR E. DE FOUCHIER

LIBRAIRIE DE HENRI OUDIN

H. OUDIN FRÈRES, SUCCESSEURS

POITIERS — 4, rue de l'Éperon, 4

PARIS — 68, rue Bonaparte, 68

1877

UN POITEVIN EN ROUSSILLON

AU XVe SIÈCLE.

NOTICE

SUR CHARLES DE SAINT-GELAIS, ÉVÊQUE D'ELNE (1470-75).

Le Roussillon, le Conflent et le Vallespir formaient un évêché suffragant de l'archevêché de Narbonne, et dont le siége était à Elne.

Je ne prendrai pas cette ville à son origine primitive, ni même à la période romaine, pendant laquelle, au IVe siècle, son antique nom *Illiberis* fut changé en celui d'*Helena*, *Helna, Elna,* en mémoire, dit-on, de la mère de Constantin. Je laisserai bien loin derrière moi l'invasion douteuse des Vandales et leur triste renom. La domination des Wisigoths du Ve au VIIe siècle trouverait chez moi une égale indifférence, si de cette époque ne datait l'érection d'Elne en évêché. Les épiscopologies les mieux accréditées mentionnent en effet cinq évêques depuis Domnus, le premier connu [1], jusqu'à

1. *Gallia Christiana, Episcop. Eccles. Helenen.*, tom. VI, col. 1031. — « .. .. Itaque Helenensium episcoporum prior annumeretur Domnus... 571. Domnus, Helenensis ecclesiæ episcopus, clarus habetur.

l'invasion des Maures, dont le séjour en ce diocèse fut marqué par une intolérance farouche et des dévastations sans exemple depuis les Vandales, que l'administration, relativement sage et douce, des rois Wisigoths avait fait oublier.

Le passage des armées de Charlemagne en Roussillon, l'irruption des Normands, l'institution féodale des comtes, le remplacement de la langue latine par l'idiome catalan, la première réunion de la province au royaume d'Aragon, la domination des rois de Majorque, l'affranchissement des communes, le retour à l'Aragon, au XIVe siècle, ont eu leurs historiens, dont la plume a en même temps retracé les vicissitudes de l'évêché d'Elne, et décrit les divers siéges qui ont consommé la ruine de cette antique cité [1].

J'ai hâte d'arriver au fameux traité de Saragosse, en 1462, œuvre machiavélique de Louis XI, en vertu de laquelle le Roussillon dut appartenir à la France pendant trente-deux ans.

Cette période féconde en bouleversements, guerres et intrigues de tout genre, fruits d'une politique peut-être habile, mais, à coup sûr, peu loyale, a vu passer sur le siége épiscopal quatre prélats, parmi lesquels figure Charles de Saint-Gelais.

On lit dans le *Gallia Christiana* [2] :

« De Saint-Gelais. — LXXXIII. Carolus I.

« Nobilis Gallus Carolus, ex dominis de S. Gelasio in « Pictonibus, e monacho Cluniacensi Abbas monasterii novi « Pictavi. Ord. Cluniacensis, electus Elnensis, VI idus aug. « 1470. per obitum (forte per cessionem Johannis) legitur « in regesto Vaticani. Consueta vero servitia solvit. 14. « eorum mensis et anni, ex libro solutionum. Episcopatus « possessionem adiit per procuratorem an. 1471. Cujus vi- « carii generales anno. 1475. 14. aprilis rectoriam de Ripis « altis Michaeli Cortolani contulerunt. Sacro se magistratu

1. Zurita, Bosch, Gazanyola, Fortaner, Puiggari, Tastu, Henry, etc.
2. *Gall Christ.*, *Episcop. Eccl. Helen.*, t. VI, col. 1063.

« abdicavit hoc anno, fortasse donatus abbatia S. Leonardi « Ferriarensis quam certe possidebat 1478. Primum quoque « Frenadæ commendam obtinuisse dicimus. » (Tom. II, col. 1135.)

Quelques détails rétrospectifs sur Elne doivent cependant précéder ici la relation des faits particuliers à son évêque.

Depuis son érection en évêché, la cité d'Elne avait horriblement souffert du fléau de la guerre, mais n'avait pas cessé d'être la principale ville de la province jusqu'en 1285, époque de sa ruine totale par les armées de Philippe le Hardi [1].

Un peu rétablie de ce grand désastre, moins de soixante ans après, Elne se trouvait encore le centre d'une guerre entre Pierre IV, roi d'Aragon, et Jacques III, roi de Majorque. Le 9 juillet 1344, l'ennemi était à ses portes, et, comme au précédent siége, cette ville allait devoir sa perte aux dissensions survenues entre les habitants et les soldats [2].

1. « En 1285, lorsque Philippe le Hardi allait prendre possession « du royaume d'Aragon, dont le pape avait disposé en faveur du « comte de Valois, deuxième fils de France, la ville d'Elne, qui tenait « pour le prince injustement dépossédé (ainsi que Castelnou et Mon- « tesquiu), ferma ses portes aux Français. Beaucoup d'habitants du « Roussillon s'étaient retirés dans ses murs avec leurs femmes et leurs « enfants, et quantité de provisions ; mais il n'y avait point de gens « de guerre dans la place pour la défendre. On en demanda au roi « d'Aragon, et il y envoya un baron catalan très-distingué, nommé « Ramon d'Urg (prononcez Ourj), qui s'y introduisit la nuit avec une « trentaine de chevaux. Les habitants étaient fort divisés entre eux et « obéissaient avec peine à ce commandant. Celui-ci, craignant qu'ils « ne le livrassent à l'ennemi ainsi que la place, sortit de nuit avec sa « troupe, laissant les armes et les chevaux. Cependant les habitants, « malgré leur peu de forces, opposèrent la plus vigoureuse résistance. « Mais les attaques furent si vives et si multipliées, que, forcés de cé- « der, ils eurent à souffrir tout ce qu'on peut attendre d'un vainqueur « irrité. La ville fut saccagée et la plus grande partie des édifices livrés « aux flammes. Tel est le récit de l'annaliste d'Aragon. » (Notices sur la ville d'Elne, Puiggari, *Publicateur*, n° 28. 4e année.)

2. « Le roi d'Aragon, Pierre IV, disputant les armes à la main, à « celui de Maillorque (Jacques IV), la possession de ses Etats, dont le « Roussillon, comme on sait, était la plus noble partie, vint mettre le « siége devant Elne, le 9 juillet 1344. Il s'éleva aussitôt de si grandes

Deux siéges dans un demi-siècle à peine devaient amoindrir l'importance de la vieille capitale, qui fut cependant restaurée au point de vue stratégique, et mise encore une fois en bon état de défense.

A ces différentes époques, la ville de Perpignan, dont la fondation semble dater des dernières années du xe siècle, et qui dès sa naissance avait pris un développement rapide, devint la capitale du Roussillon, en même temps que le siége de son gouvernement, ne laissant bientôt à la ville épiscopale que son vain titre de cité. Le clergé d'Elne ne se montra point indifférent aux avantages nombreux de la ville nouvelle, et l'extrême facilité des mœurs, commune à toute la

« dissensions entre les troupes de la garnison et les habitants, qu'ils « en vinrent aux mains. Pendant ce combat, des hommes et des femmes, du haut des remparts, appelèrent à leur secours les soldats de « l'Aragonais, et au moyen de cordes en firent monter un grand nombre. Ceux-ci ouvrent une porte, et à l'instant les assiégeants se précipitent dans la ville. Les troupes qui la défendaient et partie des « habitants se retirèrent dans le fort en se battant à toute outrance. « Pendant un jour entier, il y eut dans la ville basse des combats entre l'armée d'Aragon et la bourgeoisie, au point que le roi Pierre y « envoya trois personnages de marque pour empêcher le pillage. Mais « le désordre et la confusion augmentèrent le lendemain : car, dans le « temps qu'on se battait dans la ville basse, les urbains et les soldats « du roi Jacques, qui se trouvaient dans la ville haute, étaient fort peu « d'accord entre eux et dans la plus grande méfiance les uns des autres. Le 11, les bourgeois et le corps le plus considérable de la garnison, enfermés dans le fort qu'on avait construit au milieu de la « ville, se trouvèrent réduits aux dernières extrémités. L'eau vint à « manquer, à cause du grand nombre de personnes qui s'y étaient retirées, en sorte qu'ils se virent forcés à capituler. Il fut convenu que « toute la garnison resterait prisonnière jusqu'à ce que le roi de Maillorque eût remis les chevaliers et autres notables qu'il retenait en « otage des villes et places réduites à l'obéissance du vainqueur. Le « lendemain, le fort de la ville haute se rendit ; on laissa sortir librement les soldats français qui s'y trouvaient, mais non les chefs roussillonnais, et l'étendard ennemi fut arboré sur la tour de la cathédrale. Après ce dernier revers, le roi de Maillorque, se voyant sans « appui, vint de Perpignan à la tente du roi d'Aragon, sous les murs « d'Elne, et, se jetant à ses pieds, il se livra à sa discrétion. » (*Voy.* Zurita.) (Notices sur la ville d'Elne, Puiggari, *Publicateur*, n° 29. 4e année.)

province, dont il sut peu se défendre, fit généralement abandonner la résidence de l'évêque par l'évêque lui-même. « Dès l'année 1230, l'évêque d'Elne avait obtenu du pape « Grégoire IX l'union à perpétuité de la chapellenie majeure « de Saint-Jean de Perpignan au siége épiscopal. Enrichis « par ce gros bénéfice, les évêques d'Elne firent dès lors de « bien longs séjours à Perpignan, en attendant que, trois « siècles plus tard, une bulle papale y fixât légalement leur « demeure [1]. »

Peu de temps enfin avant l'engagement du Roussillon au roi de France, le diocèse d'Elne était gouverné par un puissant évêque. Issu d'une famille ducale de Catalogne, Antoine de Cardona, à peine âgé de 29 ans, outre le prestige d'une grande naissance, avait apporté sur le siége épiscopal des talents et des vertus. Deux mois s'étaient à peine écoulés depuis l'entrée solennelle de ce prélat à Perpignan [2], lorsque

1. Les rédacteurs du *Gallia Christiana*. qui n'ont pas lu cette bulle, ont avancé qu'elle avait transféré le siége d'Elne à Perpignan, et ils ont fait un chapitre à part intitulé : *Perpinianenses Episcopi*. Ce n'est pas le siége d'Elne qui fut transféré à ce chef-lieu en 1602, comme ils le disent par erreur, mais seulement la résidence de l'évêque et du chapitre d'Elne. La bulle de translation est formelle, et n'a jamais été abrogée; les évêques, bien que résidant à Perpignan, n'ont pas cessé de recevoir et de prendre le titre d'évêques d'Elne jusqu'à la révolution. La bulle du concordat de 1801 dit : *Ecclesia Elnensis;* celle de 1817 s'exprime de même; mais la traduction française dit : *Église de Perpignan*. Au surplus, voici la clause relative à ce titre : « *Civitate « et Ecclesia Elnensi, quoad nomen, titulum, denominationem et exis- « tentiam cathedralis, aliisque pristinis juribus... prout antea rema- « nentibus.* » (Bulle de Clément VIII. Calendes de sept. 1601.)

2. *Llibre de memories comensat en lo any m. cccclviiij, finit en lo any m. ccccLxxxviij*, f° XI. Ce manuscrit, écrit en catalan par les prêtres de l'église collégiale de Saint-Jean-Baptiste de Perpignan, était particulièrement destiné à l'inscription des recettes et des dépenses de la communauté. De temps à autre, les bons chanoines y inscrivaient les événements les plus remarquables arrivés à leur connaissance. En l'absence de tous autres documents, ces livres, sans prétention historique de la part de leur auteur, qui parfois même méconnaît les règles de l'orthographe catalane, ont acquis un caractère d'authenticité que nul ne peut songer à leur refuser. Il est regrettable que plusieurs volumes de ce

Louis XI, abusant des clauses du traité conclu, le 23 mai 1462, avec le roi Jean II, fit entrer en Roussillon l'armée française [1].

Antoine de Cardona, nommé, le 15 novembre suivant, conseiller du roi de France, avec une pension de 1,500 livres tournois, jaloux de conserver aux ecclésiastiques de son diocèse les priviléges qu'ils avaient obtenus des rois d'Aragon, s'empressa de supplier son nouveau souverain de vouloir bien les reconnaître ; ce que fit ce dernier par une ordonnance datée de Saint-Jean-de-Luz, le 30 avril 1463, dont l'original se trouve aux archives des Pyrénées-Orientales, et dont la teneur suit :

« Loys par la grace de Dieu roy de France, sauoir faisons « a tous presens et auenir que comme nostre ame et feal

mémorial, notamment ceux antérieurs au xve siècle, aient disparu du trésor de Saint-Jean ; ceux qui restent à la sacristie m'ont été obligeamment communiqués par MM. les vicaires de cette paroisse.

1. *Llibre de memories*, précité, f° XIV. — La Catalogne s'était révoltée contre son souverain qui, manquant d'argent pour lever des troupes, en avait demandé au roi de France. Louis XI, avant de répondre, voulut savoir s'il ne lui serait pas plus avantageux de soutenir le roi d'Aragon, de préférence à ses sujets rebelles, et fit offrir sous main ses services aux Catalans, en qualité de protecteur et gardien de leur principauté. Mais ceux-ci rejetèrent ces offres, dont le but n'échappait pas à leur perspicacité. Le roi de France, repoussé par les révoltés, se retourna alors vers le roi Jean, et lui envoya le comte de Foix, qui signa, le 12 avril 1462, une ligue avec le roi d'Aragon, au nom de Louis XI, et il fut convenu que les deux monarques s'aboucheraient à Sauveterre en Béarn. L'entrevue eut lieu le 4 mai, l'alliance renouvelée, et il fut arrêté que celui des deux rois qui aurait besoin des secours de l'autre, en recevrait 500 lances et un nombre d'archers proportionné. Le roi d'Aragon ne tarda pas à réclamer l'envoi des lances françaises ; alors fut conclu à Saragosse, le 23 mai, un nouveau traité fixant le prix auquel ces lances seraient fournies. Par ce traité le roi de France devait non-seulement fournir des troupes, mais encore les payer pendant le temps qu'elles resteraient au service de l'Aragon. Il fut également convenu qu'en nantissement de ses avances, la France percevrait directement les revenus des comtés de Roussillon et de Cerdagne, qui étaient restés fidèles à leur roi, déduction faite du payement des charges et offices habituellement fait sur ces revenus. Mais, en engageant les revenus des comtés, le roi d'Aragon n'entendit jamais

« conseiller Anthoine de Cardona euesque dealne en nostre « pays et conte de Rossillon nous ait fait remonstrer que de « longtemps plusieurs beaux grans et notables priuilleges « et libertez ont este donnez et octroyez a leglise cathedrale « dealne, de saint Jehan de Parpeignan, et autres eglises et « monasteres du dit diocese dealne par les contes de Ros« sillon et les roys d'Aragon, Maillorque et autres nos prede« cesseurs seigneurs et contes du dit pais, desquels les dites « eglises ont joy poisiblement et joissoient au temps que la « dite conte et pais de Rossillon sont venus et cheus en « nostre main; en nous humblement requerant que nostre « plaisir soit les priuilleges libertez coustumes et concessions « octroiez par nos dits predecesseurs seigneurs du dit pais « de Rossillon aux eglises du dit diocese dealne confirmer « et sur ce leur impartir nostre grace. Nous inclinans à la « supplication et requeste a nous faicte de la part de nostre « dit conseiller, les priuilleges libertez concessions et bonnes « coustumes des eglises et monasteres dudit diocese dealne « auons agreables et les auons louees ratifiees et approuuees

engager les comtés eux-mêmes, ni en permettre la prise de possession par l'armée de Louis XI. Malgré les subtilités dont l'auteur de l'*Histoire de Roussillon* entoure son récit, dans le but, sinon de blanchir complétement le roi de France, du moins de noircir le plus possible le roi d'Aragon, je ne puis lire dans le traité de Saragosse que ce qui s'y trouve : « *Specialiter et expresse obligamus vobis quoscumque reddi-* « *tus, introitus, jura et emolumenta quæ nos habemus, recipimus in* « *comitatibus Rossillionis et Ceritaniæ, solutis oneribus quæ modo de* « *eisdem solvuntur.* » Il y est spécifié en outre (et cela vient encore à l'appui de mon opinion) que, dans le cas où le payement ne serait pas effectué, l'infant don Juan d'Aragon, archevêque de Saragosse, Bernard-Hugues de Rocaberti, châtelain d'Amposta, Ferrer de Lanuça, justicia d'Aragon, et Pierre de Peralta, connétable de Navarre, s'obligeaient à en acquitter le montant sur leurs biens. M. Henry prétend que le roi d'Aragon n'avait pas l'intention d'exécuter fidèlement le traité ; il n'en est pas moins vrai que ce traité existait, et que Louis XI abusa de sa position en faisant occuper le Roussillon, pour son propre compte, par l'armée qu'il s'était engagé seulement à introduire en Catalogne pour le comte du roi d'Aragon. (Voir le traité au tome II des pièces des Mémoires de Comynes.)

« et nous ratiffions et approuuons de grace especial plaine « puissance et auctorité royal par ces presentes en tant quils « en auront duement et justement joy et use. Si donnons en « mandement par ces presentes a nostre lieutenant general « en nos pays et conté de Rossillon et de Sardaigne *(sic)* aux « gouuerneur et viguier du dit lieu de Parpeignan ou a tous « nos autres justiciers et officiers et jubges et a leurs lieute- « nants que de nostre presente grace octroy ratiffication et « approbation facent seuffrent et laissent nostre dit conseiller « et les gens deglise de son diocese et leurs successeurs joyr « et user poisiblement sans leur faire ne seuffrir estre fait « mis ou donne aucun destourbier ou empeschement au « contraire. Lequel se fait, mis ou donné estoit, mectent ou « facent mectre sans delay au premier estat et deu. Et afin « que ce soit chose ferme et estable a tousiours nous auons « fait mectre nostre scel a ces dites presentes sauf en autres « choses nostre droit et laultruy en toutes. Donne a Saint « Jehan de Luz, le dernier jour de auril lan de grace mil « cccc soixante trois et de nostre regne le second.

« Par le roy, le sire DU TRAIGNIEL (?) maistre
« GEORGES HAUART, et autres présents
« LORANT. CONTENTOR DUBAN [1] »

On voit par ce titre que Louis XI, en prenant possession d'un pays entièrement hostile à son gouvernement, cherchait au moins à s'attirer l'appui de son clergé. Je montrerai plus tard comment sa politique à double face sut respecter les priviléges qu'au jour de la conquête elle semblait octroyer de si bonne grâce aux nouveaux annexés.

L'évêque don Antoine mourut à Ille, en Roussillon, le

1. Archives des Pyrénées-Orientales, carton Saint-Jean. — Le sceau royal, large d'un décimètre environ, est détruit; il n'en reste que la partie supérieure de l'écu, comprenant deux fleurs de lis et la couronne; il est en cire verte.

11 septembre 1467, et fut enterré, suivant son désir, dans le chœur de la cathédrale d'Elne [1].

D'après les auteurs du *Gallia Christiana* (qui, du reste, font erreur en plus d'un endroit de la vie d'Antoine de Cardona), le successeur immédiat de cet évêque aurait été le Poitevin Charles de Saint-Gelais [2]. Le savant archéologue Perpignannais Renard de Saint-Malo a démontré [3] qu'entre ces deux évêques doit être placé don Jehan Pintor, chanoine de Barcelone, qualifié évêque élu d'Elne dès l'an 1468, et dont la mort arriva au commencement de 1470 [4].

A défaut de documents recueillis en Roussillon qui prouvaient la nomination de Jehan Pintor à l'évêché d'Elne, il

1. «... Nos Anthonius de Cardona divina clemencia Elnensis episcopus... gravi nostri corporis infirmitate detensi, in nostro bono sensu plena memoria... facientes nostros manumissores et huius nostri ultimi testamenti exequtores Reverendum in χpo patrem et Dominum episcopum cancellarium suppreme curie parlamenti ville Perpiniani, capitulumque et communitatem presbiterorum sedis Elne, et capitulum et communitatem presbiterorum ecclesie sancti Johannis dicte ville Perpiniani, quibus... item lleguamus nobili Francisco de Cardona fratri nostro omnes illos septingentos quinquaginta francos regni Francie qui nobis solvi debentur per generalem de lingua occitana sive de lenguadoch et thesauriarum Tholose χpi anissimi Domini Ffranchorum Regis ex et de illis mille ffranchis nobis per dictum dominum Regem donatis solvi restantes ad omnes eius voluntates. Volumus eciam quod dicti manumissores, etc... » Et dans un autre endroit : ... « Corpori vero nostro exanimi cepulturam eligimus in ecclesia beatæ Eulaliæ sedis Elne in tumulo in quo predecessorum nostrorum episcoporum corpora requiescunt et cepulta fuerunt... Actum in loco de Insula et laudatum die X[a] mensis septembris anno a nativitate Dni M[o] CCCC[o] LX[o] septimo, presentibus, etc... et me Petro Billerach notario qui predicta requisitus recepi, etc. »

(Archives du syndicat d'Ille; extrait communiqué par M. B. Alart, secrétaire de l'inspecteur d'académie de Perpignan.) — Pour la mort d'Antoine, voir *Llibre de memories*, f° XLVIII.

2. *Gall. Christ.*, *Episc. Eccl. Hel.*, tom. VI, col. 1063.

3. Le *Publicateur*, n° 24, 1832. M. Renard de Saint-Malo a légué à M. de Bonnefoi, son gendre, des manuscrits innombrables, dont la transcription ne remplit pas moins de 4000 pages in-folio.

4. *Llibre de memories*, f°s XIV, XXVI, XLVI, XLVIII, XLVIIII, LVIII, LXXI, LXXV, LXXVI et LXXVII.

me semble que la simple lecture du registre du Vatican n'aurait pas dû permettre aux Bénédictins de passer sous silence cet évêque; car leur article sur Charles de Saint-Gelais, qu'ils disent : « Electus Elnensis VI idus aug. 1470, per obitum « (forte per cessionem Johannis), » tendrait à faire croire que l'existence de Jehan Pintor ne leur a pas été totalement inconnue [1].

La nature des divers actes auxquels a pris part Charles de Saint-Gelais, pendant les quarante dernières années du quinzième siècle, dénote, à n'en pas douter, un assez éminent personnage. Il suffit d'en parcourir la liste chronologique pour acquérir cette certitude [2].

Issu très-incontestablement de cette noble famille que l'on tient en Poitou pour une branche cadette de l'illustre maison de Lusignan [3], Charles doit laisser à son biographe le regret de n'avoir pu soulever le voile qui couvre les premières années de sa vie. Les documents généalogiques me faisant totalement défaut, il ne m'est pas donné de percer ce mystère, et mon opinion, tout hypothétique d'ailleurs, ne peut être hasardée dans cette question, où la preuve littérale est seule admissible. Les auteurs paternels et maternels de mon héros me sont complétement inconnus, et une partie notable de sa vie est malheureusement pour moi lettre close.

1. Les Bénédictins ont été en général mal renseignés par leurs correspondants sur l'état des églises de la province de Narbonne. Dans son catalogue succinct des évêques d'Elne, M. Puiggari a rectifié bon nombre de leurs erreurs. Par suite de rectifications diverses, sur l'exactitude desquelles cependant tout le monde n'est pas d'accord, Charles de Saint-Gelais devrait être classé le 74e évêque, et non le 73e, ainsi que l'indique le *Gallia*.

2. La plupart des documents existant en Poitou m'ont été communiqués par M. Rédet, archiviste de la Vienne, à l'obligeance duquel toute ma reconnaissance est acquise.

3. *Dictionnaire historique et généalogique des familles de l'ancien Poitou*, v° Lusignan, par MM. Beauchet-Filleau et Ch. de Chergé, tome II, 1840-54, Poitiers.

Je prendrai donc seulement Charles de Saint-Gelais au 27 novembre 1461, époque où, pour la première fois, il apparaît dans l'histoire, et où, simple moine de l'ordre de Cluny, il fut confirmé abbé de Montierneuf de Poitiers [1] par Jean de Bourbon, abbé du même ordre et évêque d'Anis. Dans le courant de cette même année, ou plutôt la suivante, Charles présida le chapitre général, et reçut le 26 mars 1463, des moines de Saint-Jean-d'Angély, une partie du bras de saint Macou [2]. Aux abbés de Montierneuf avait été attribué le titre de conservateurs apostoliques de l'université de Poitiers, lors de la création de cette université; et c'est en vertu de cette attribution qu'en l'année 1463, Charles de Saint-Gelais crut devoir intenter un procès à Jacques Chevallier, abbé de Saint-Maixent, qui lui contestait ce titre et voulait se l'approprier [3]. Le *Gallia* m'apprend encore qu'en 1469 plusieurs moines firent profession entre les mains de notre abbé de Montierneuf.

J'arrive à l'année 1470, en laquelle, le VI des ides d'août, l'abbé Charles fut élu évêque d'Elne, et, le 14 du même mois, paya à la chambre apostolique les redevances accoutumées [4].

1. « Montierneuf, abbaye d'hommes de l'ordre de Saint Benoît et « de la congrégation de Cluny, au diocèse et dans le fauxbourg de « Poitiers; elle vaut à l'abbé commendataire environ 5,000 livres de « rente. La taxe en cour de Rome est de 700 florins. » (*Dict. géog.*, « *hist.*, *pol. des Gaules et de la France*, par l'abbé d'Expilly. Amsterdam, 1764.)

2. « XXXVIII. Carolus I de Saint-Gelais, Cluniacensis monachus, « eodem anno (1461) delectus abbas confirmatur à Johanne de Bourbon Cluniacensi abbate et episcopo Aniciense (*a*), die 27 novembris « ejusdem anni 1461. A quo etiam triduo post benedictionem accepit « Turonis in ecclesia S. Johannis. Eodem anno vel potius sequenti, « Carolus celebravit capitulum generale, die XI novembris; ab Angeriacensibus monachis accepit partem bracchii S. Macuti. An. 1463, « 26 martii, et anno 1469, quorumdam monachorum professionem « admisit. » (*Gallia Christ.*, tom II, col. 1271.)

3. *Mémoires de la Société des Antiquaires de l'Ouest*, année 1844. *Notice historique sur l'abbaye de Montierneuf*, par Ch. de Chergé.

4. *Gallia Christ.*, tome VI, col. 1063.

(*a*) Anis, Anicium, actuellement le Puy-en-Velay.

Cette date, généralement admise, tant par le *Gallia* que par les épiscopologies plus modernes, semble au premier abord devoir être l'objet d'une rectification, la présence dans les archives de la Vienne d'un acte suivant lequel aurait figuré à Poitiers l'évêque d'Elne, bien avant 1470, tendant à faire considérer comme erroné l'extrait du registre du Vatican.

En effet, le 21 juin 1466, une délibération du chapitre de Saint-Hilaire de Poitiers accorde dix septiers d'avoine à l'évêque d'Elne, pour avoir officié plusieurs fois dans son église. Le volume des *Mémoires de la Société des antiquaires de l'Ouest* pour l'année 1854 mentionne également un acte suivant lequel, le 13 janvier 1467, l'évêque d'Elne bénit une châsse d'argent destinée à renfermer le chef de saint Hilaire. Il est facile de montrer qu'aucun de ces deux actes ne concerne Charles de Saint-Gelais. J'ai établi, d'une part, que, du 9 octobre 1461 au 11 septembre 1467, le siége d'Elne était occupé par Antoine de Cardona ; de l'autre, il est certain que, le 10 août 1468, un acte était passé en Roussillon par Louis Michel, vicaire général capitulaire, *sede vacante*, et que Jehan Pintor, élu en cette même année 1468, a gouverné le diocèse jusqu'au 28 février 1470, jour de sa mort. Il faut donc tout simplement croire que l'évêque d'Elne, présent à Poitiers en 1466 et 1467, n'est autre que don Antoine de Cardona, conseiller du roi de France, dont aucun document parvenu à ma connaissance ne signale la présence en Roussillon à ces différentes époques. Cette interprétation ne peut manquer d'être admise, si l'on veut bien remarquer que les actes ci-dessus ne mentionnent aucun nom de famille, et que le titre seul d'*episcopus Helenensis* étant donné au personnage qui a officié plusieurs fois dans l'église de Saint-Hilaire, cette qualification ne peut être appliquée à bon droit qu'au titulaire seul de l'évêché d'Elne en 1466 et 1467. Du reste, le *Gallia*, ordinairement bien renseigné sur les églises du Poitou, me montrant encore en 1469 Charles de Saint-Gelais dans ses fonctions d'abbé de Montierneuf, à défaut d'autre argument, j'invoquerais son témoignage [1].

L'année 1471 le vit arriver en Roussillon. Je lis dans un recueil d'actes rassemblés vers 1713 par Joseph Coma, chanoine d'Elne [2], que Charles de Saint-Gelais prit possession de son évêché et de la chapellenie majeure de Saint-Jean-Baptiste de Perpignan, le 1er janvier 1471, par son procureur l'abbé de Fontfroide, qui paya les dix livres de *festina* accoutumée [3].

1. Je n'hésite pas à donner une explication analogue à un troisième acte, suivant lequel cette même châsse, ayant été dorée, aurait été bénite par l'évêque d'Elne, en 1481. Outre que dans l'acte le titre seul d'évêque d'Elne est donné, comme dans les deux précédents, sans désignation de nom propre, en l'année 1481, comme je le prouverai, Charles de Saint-Gelais n'était plus qualifié évêque d'Elne, mais bien évêque de Margarance, en Servie. La châsse de saint Hilaire a donc dû être bénite par Charles de Martigny, son successeur au siége d'Elne, dont l'absence du diocèse en cette même année 1481, provoquée par une mission importante de Louis XI, est dûment constatée dans le *Llibre de memories*, f° CLX.

2. « Fonc ocupada la sede de Elna per mort del senior bisbe An-« thon *(a)* per lo senior bisbe Carlos a S^to Gelasio del ordre Cister-« ciencc (*sic*); son procurador lo abat de Fontfreda, pringue pocessio « del capellania y paga les 10 l. de la Festina als 1 de janer 1471. » (*Noticies de la sglesia insigne collegiada de San-Johan de Perpinia*, per lo doctor en theulogia Joseph Coma, canonge de Elna — Bibl. pub. de Perpignan, Mss.

3. « Dans les premiers temps de l'existence de l'église Saint-Jean, « il s'était établi un usage qui s'est maintenu pendant plusieurs siècles. « Tout chanoine nouvellement élu était tenu de réunir ses collègues « en une *festina* ou collation, dont le menu, réglé dès l'origine, ne « varia jamais, et pour les frais de laquelle il recevait deux florins sur « les fonds du chapitre. Une *festina* était également imposée à l'évêque « pour le jour de Saint-Julien. Le prélat versait d'abord à chacun des « chanoines de Saint-Jean, réunis dans la salle capitulaire, un verre « de vin muscat ou de vin cuit, et leur servait ensuite des dragées de « deux qualités. Un second verre, mais de vin rouge, leur était versé, « pendant qu'ils mangeaient ces dragées, et un autre verre de vin « muscat terminait cette collation succincte. » (*Hist. du Rouss.*, Henry, tome Ier, page 133. — Mss. Coma.)

(a) C'est Johan qu'il faudrait lire ; l'auteur partage ici l'erreur commune.

Déjà, le 13 décembre précédent, la communauté des prêtres de Saint-Jean avait remis entre les mains de Gabriel et Jehan Bonanat, marchands de Perpignan, la somme de deux cents livres, à titre de don gracieux fait, selon l'usage, à son nouveau pasteur, à l'occasion de son avénement [1].

Le 5 janvier 1471, par lettres patentes datées d'Elne, signées de sa main et scellées de son sceau, Charles nomma *commissarius generalis animarum fidelium deffunctorum in dioces. Elnensi decedencium*, vénérable et discrète personne Johannes de Agiis, son secrétaire [2].

Le 12 du même mois, le nouveau prélat fit son entrée solennelle à Perpignan, où il fut reçu avec le cérémonial usité en pareille circonstance, suivant la relation succincte du *Llibre de Memories* précité.

« Le samedi XII de janvier de l'an M.CCCC.LXXI, le révérend « seigneur monsieur Charles de Saint-Gelais, par la grâce « de Dieu évêque d'Elne, entra dans la ville de Perpignan,

1. « Item dijous a XIII de desembre del any present mossen gonya « canonge tresorer paga per la comunitat docentes llivres al senyor « Bisbe per lo donatiu gracios que la comunitat a ffet al dit senyor, « lesquals foren deslivradas als senyors en Gabriel e Johan Bonanats « mercaders axi cum apar per carta presa per lo senyor P. Masdemont « notari dit dia e es continuat al peu del debitori al manual corrent. » (*Llibre de Memories*, f° LXXXI.)

2. « Venerabilis et discretus Johannes de Agiis, reverendi domini « Elnensis episcopi secretarius, commissarius generalis animarum « fidelium deffunctorum in dioces. Elnensi decedencium prout de dicta « commissione generali per dictum dominum Elnensem episcopum « pattentibus litteris dicti domini reverendi episcopi vocati Karoli, suo « sigillo sigillatis et sua manu subsignatis... Datum Elne quinta janua« rii anno Domini. M. CCCC. LXX. primo. » (*Constat en Manuale* Petri Vilarnau, 1472, 1473, 1477.)

Aux archives départementales des Pyrénées-Orientales, j'ai découvert une pièce scellée du sceau de Charles de Saint-Gelais, évêque d'Elne : Le 31 mars 1473, Bernard Alphonsello, vicaire général pour Charles de Saint-Gelais, évêque d'Elne, absent du diocèse, confère à Jean Casanova, prêtre, le canonicat et la prébende vacante par suite du décès de Bernard Patau. Cet acte, donné à Elne, *sub sigillo vicariali*, est revêtu d'un sceau ogival (o m. 075 sur o m. 045) appliqué entre deux papiers, au bas de l'écriture, suivant l'usage français.

« entre une et deux heures de l'après-midi. La communauté « alla au-devant de lui jusqu'au Poids du Roi. Là, le chef « des chantres commença le R. *Ecce homo*, et le semainier, « qui était monsieur Barthélemy Moner, dit le V. *Benedic-* « *tus* avec une oraison. Ensuite ledit seigneur adora la vraie « croix, et fut reconduit sous le dais jusqu'à l'église avec le « *Te Deum laudamus*, jusque devant le grand autel. Puis « ledit semainier dit le V. *Salvum fac*, avec une autre orai- « son, et après le seigneur évêque assista aux vêpres; et le « lendemain, qui était dimanche et premier jour de l'octave « de l'Epiphanie, il fit l'office, et nous fîmes une procession

Le champ du sceau est occupé par l'effigie des saintes Eulalie et Julie, patronnes du diocèse, vues de face, et portant, l'une à la main droite et l'autre à la gauche, la palme du martyre. Chacune d'elles est encadrée dans une niche formée de deux colonnettes avec pinacles fleuronnés, supportant deux dômes à pendentifs, dont chacun se couronne d'un petit clocheton. La partie inférieure du sceau montre un écusson sous chaque patronne; sur celui de droite, je distingue une croix, symbole héraldique de la famille de Saint-Gelais; celui de gauche, malheureusement indéchiffrable, devait porter l'étoile à huit rayons du chapitre d'Elne. La légende, très-longue, en lettres minuscules gothiques, est totalement illisible.

« solennelle dans le cloître, avec les chapes. » (Traduit du catalan [1].)

Un des premiers actes de Charles, en arrivant dans son diocèse, témoigne de sa bienveillance pour son clergé. Coma rapporte que les chanoines, peu satisfaits de leurs *portions canonicales* [2], adressèrent, le 19 juillet, une réclamation à l'évêque, qui leur fit donner satisfaction, le 3 août suivant, par son vicaire général. Peu après, les bénéficiers de Saint-Jean désirant que les revenus de la cure de Pia fussent unis à la communauté, pour augmenter le taux des distributions quotidiennes, et ayant délibéré à ce sujet le 30 décembre sans l'intervention des chanoines, ceux-ci furent très-froissés de ce procédé qui semblait devoir les exclure du gouvernement de l'Eglise. Charles de Saint-Gelais, pour faire cesser ces discussions, unit à la communauté des prêtres de Saint-Jean, non-seulement la cure de Pia, mais encore celle de Castelnou [3]. Enfin, par décision du 4 mai 1472, cet évêque prononça l'union à ladite communauté des revenus de la cure de Sainte-Marie-la-Mer [4], laquelle union ne reçut cependant sa bulle

1. (*Llibre de memories*, f° LXXXI.) Le cérémonial de l'entrée d'un évêque à Perpignan est bien mieux décrit dans ledit *Llibre* pour les évêques Antoine de Cardona et Charles de Martigny. (*Voir* f°s XI et XCVIII.) Le Poids du Roi est actuellement l'octroi.

2. On s'étonnera des manifestations de mécontentement qui s'étaient produites chez les chanoines, quand on connaîtra l'excessive quantité de vivres dont se composait chaque portion canonicale. Pour l'honneur des chanoines de Saint-Jean, je me borne à admettre que leurs exigences étaient uniquement motivées par le désir de faire participer les pauvres de la ville au superflu de la mense capitulaire. Suivant Joseph Coma, « la portion de pain et de vin qui se donnait aux chanoi-« nes, ainsi que celle des autres aliments, était si considérable, qu'elle « aurait suffi à la nourriture de quatre personnes... Tous les jours de « distributions, continue le même auteur, les restes du dîner étaient « distribués aux pauvres qui attendaient à la porte. Quand un des « commensaux s'absentait, ou s'il n'avait pas assisté aux offices divins, « sa portion entière était distribuée aux pauvres. »

3. (*Noticies de la sglesia*, préc. Coma, Mss.)

4. « Als 4 mars 1472, uni à la communitat de Saint Johan la rec-« toria de Santa-Maria-la-Mer. » (*Noticies de la sglesia*, préc. Mss. Coma.)

confirmative du pape que dans le courant de l'année suivante.

J'ai quelque raison de croire que Charles, malgré son goût dominant pour le faste et ses dispositions immodérées au confortable, qui lui furent plus tard si amèrement reprochés, ne suivit pas l'exemple de ses prédécesseurs en fixant sa résidence à Perpignan, et qu'il sut se contenter habituellement du vieux palais épiscopal d'Elne. A défaut des registres capitulaires de cette pauvre ville, à jamais perdus, qui m'en eussent donné la certitude complète, et tout en faisant la part des préoccupations politiques qui devaient rendre, à cette époque, le séjour dans la capitale du Roussillon peu agréable, je fonde mon opinion sur de simples faits matériels, tels que les actes épiscopaux sus-relatés, qui tous sont donnés par l'évêque en son palais d'Elne.

Il n'existe aucun doute, d'ailleurs, sur le peu de durée du séjour de notre évêque en Roussillon.

Avant d'en rechercher les causes, je me bornerai à constater que, dès le 27 août 1472, il était déjà hors de son diocèse; car, dans un acte de ce jour, Jean de Casanova est désigné comme vicaire général du révérend seigneur Charles, par la divine Providence évêque d'Elne, *in remotis agentis* [1]. Depuis cette époque, les nombreux actes où il est fait mention de l'absence de Charles me donnent la conviction profonde que le diocèse d'Elne ne revit plus son pasteur. Je passerai rapidement sur tous ces actes, en me bornant à les énoncer chronologiquement.

Le 4 juillet 1473, les syndics de la communauté des prêtres de Saint-Jean, dans une assemblée au sujet de l'union de la cure de Sainte-Marie-la-Mer, prononcée l'année précédente, décident que le résultat de leur délibération sera présenté au vicaire de l'évêque, *in remotis agentis* [2].

1. 1472, 27 augusti. Joannes de Casanova, vicarius generalis rev. Domini Karoli, divina Providencia Elnensis episcopi, in remotis agentis. (*Manuale* Beranger Macip. notaire.)

2. (*Llibre de Memories*, fº LXXXV.)

Le 19 du même mois, divers revenus sont affermés par Johannes de Agiis, prêtre, chanoine de l'Église d'Elne, vicaire général et procureur de l'évêque Charles [1].

Le 20, un bénéfice ecclésiastique est conféré par Jean de Casanova, prêtre, chanoine d'Elne, vicaire général de l'évêque Charles, *in remotis agente* [2].

Cette absence coïncidant avec l'époque à laquelle, suivant le *Gallia*, Charles de Saint-Gelais aurait obtenu en commende l'abbaye de la Frénade [3], il est naturel de penser que le nouvel abbé commendataire, fuyant les discordes civiles, avait cédé au désir de visiter son abbaye.

Le *Llibre de Memories* signale encore, en 1474, l'absence de l'évêque :

« Le mercredi xx avril, qui fut le quatrième jour férié après « l'octave de Pâques, fut le jour du synode, lequel fut célébré « en la présente église par monsieur le vicaire *in temporalibus et spiritualibus*, pour monsieur Charles, par la grâce « de Dieu évêque d'Elne, *in remotis existentem*, lequel ne « put célébrer dans la cité d'Elne, à cause de la guerre; maî-

1. 1473, 19 julii. Ego Johannes de Agiis presbyter et canonicus Elnensis ecclesie viccarius generalis ac etiam procurator rev. in $\chi \rho^o$ patris et domini Caroli divina Providencia Elnensis episcopi... afferme certains revenus. (*Manuale* Georges Borgua, notaire.)

2. 1473, 20 julii. Johannes de Casanova presbyter canonicus Elnensis viccarius generalis et pro rev. in christo patre dno Karolo de Sancto-Gelasio miseratione divina Elnen. episcopo in remotis agente... confère un bénéfice ecclésiastique. (*Manuale* Jean Troyart, notaire.)

3. « Carolus de Saint-Gelais, episcopus Helenensis, primus abbas « commendatarius, 9 augusti 1473, memoratur in chartis authent. « regiæ bibl. ann. 1474, 25 aug., et 1475, 21 aug. » (*Gallia Christ.* « tom. II, col. 1135.)

« La Frénade, abbaye d'hommes, de l'ordre de Cîteaux, fille d'Obazine, en Angoumois, diocèse de Saintes, parlement de Paris, intendance de la Rochelle, élection de Cognac, située sur la petite rivière « de Nay, à 5 lieues S.-E. de Saintes, et 2 S. de Cognac; fondée en « 1148 ou 1151. Elle vaut à l'abbé commendataire 1,500 l. de rente, et « la taxe en cour de Rome est de 200 florins. ») *Dict. géog., hist., pol.* « *des Gaules et de la France*, par l'abbé d'Expilly.)

« tre Jehan André, maître en théologie, prêcha. Ce fut chose « nouvelle en cette église. » Traduit du catalan [1].

Les temps étaient durs en effet pour la cité d'Elne, car le Roussillon était en pleine guerre. La ville épiscopale se préparait à soutenir son troisième siége, qui devait achever sa ruine; et, pour échapper aux désastres, le chapitre avait émigré en masse à Perpignan [2].

1. (*Llibre de Memories*, f° xc.)

2. « Louis XI, pendant ses divisions avec Jean II, roi d'Aragon, au « sujet de l'engagement du Roussillon, fit marcher une forte armée, « au nombre de plus de 30,000 hommes, contre cette province, au mé- « pris du traité et de la trêve conclue avec le duc de Bourgogne, dans « laquelle même le roi Jean était compris. Les troupes italiennes, « commandées par Jules de Pise, qui composaient la plus grande partie « de la garnison, se voyant menacées d'une attaque, voulurent se re- « tirer dans la ville haute et abandonner la ville basse, dont ils com- « mencèrent à démolir les maisons. Dom Bernard d'Oms, gouverneur « de la province, chargé de défendre cette place, se rendit en toute « hâte à Perpignan pour en amener des renforts; mais il y trouva si « peu de monde qu'il retourna le même jour à Elne, afin d'empêcher « du moins la garnison d'abandonner la ville basse. Le 17 juin 1474, « les Français formèrent le siége de la place; ils se postèrent tout près, « à Saint-Cyprien, au nombre de 500 gens d'armes et de 4,000 francs « archers, en attendant d'autres troupes que devait conduire Jean de « Foix. Les assiégés n'étaient nullement en état de résister à tant de « forces, et il n'y avait aucun espoir de secours. On fit toutefois quel- « ques efforts pour y en envoyer; mais les ennemis poussèrent si fort « le siége, qu'il fallut se rendre le 5 décembre de la même année. « Dom Ramon de Centellas, commandant quelques compagnies de « gens d'armes et de cavalerie du royaume de Valence, eut la liberté « de se retirer où il voudrait, tandis que dom Bernard d'Oms et quel- « ques autres officiers furent conduits au château de Perpignan, où « ils eurent la tête tranchée peu de jours après, comme traîtres au roi « de France. Rien de plus injuste cependant que cette inculpation, « puisque, aux termes du traité et de la trêve, les commandants des « places, qui en étaient les garants, devaient se conformer aux ordres « du gouverneur général nommé par le roi d'Aragon. La durée de ce « siége (5 mois 18 jours) atteste l'importance et la force militaire « d'Elne à cette époque. Mais dès lors aussi commença sa décadence. « Pendant 125 ans, nos fastes ne nous apprennent rien de cette cité, « et n'en font mention que pour nous révéler l'état déplorable où elle « avait été réduite. » (Notices sur la ville d'Elne, Puiggari, *Publicateur*, n° 30, 4e année.)

Suivant le *Gallia*, le 14 avril 1475, les vicaires généraux de Charles conférèrent la cure de Rivesaltes à Michel Cortolani [1].

En constatant l'absence prolongée de Charles de Saint-Gelais, je ne puis m'empêcher d'en voir la cause dans les difficultés nombreuses qui, se pressant autour de ce prélat, contribuèrent sans doute à lui faire prendre en dégoût le Roussillon. D'une part, les mœurs un peu trop indépendantes d'un clergé que les ordonnances de l'évêque Bernard Hugues, renouvelées par l'évêque Barthélemy Peyro, moins d'un siècle auparavant, n'avaient pu réussir à réformer [2];

L'état de misère auquel se trouvait réduit le clergé d'Elne, à cette époque, est dépeint dans l'acte original d'une vente faite par le chapitre de cette ville au médecin Bernard Sagarra, en 1476 : « Sit omnibus notum, quod nos Raymundus Cirera, archidiaconus Vallespiri, « Johannes de Casanova regens, Bernardus Carcaner, Johannes Pujol, « omnes canonici Elne, intus domum capituli vocati ad sonum campane capitulum pascale celebrantes, capitulum ecclesie facientes, tenentes et representantes, cum plures domini canonici ibidem non essent, « attentis multis necessitatibus capituli videlicet propter guerram que « nunc et diu fuit in presenti patria, propter quam multa loca sunt « distructa et portata in ruinam, juridictiones perdite, prebendarum, « prediorum, honorum et aliorum proventuum dicti capituli cessaciones, obque omnia opportuit et nunc licet dictos dominos canonicos « multa egestate et indigencia comprimi et quasi ad totalem distructionem deduci et periculo domicilium mutare ut multi canonici « fecerunt, *ne fame compressi deficerent*, nunc autem de presenti nos « opportuit solvere pro manutencione dicti capituli solvere dominis « de Luda... capitaneis pro cristianissimo rege Francorum nostro et « gubernatoribus comitatus Rossillionis Ceritanye triginta scutos auri « valentes triginta septem libras pro anno... qui sunt millesimo quadringentesimo septuagesimo quarto et pro sinodo paschali triginta « libras, et cotidie evenient et eveniunt debita et onera, videntes insuper nos non posse facere venditionem in fractionem dicte terre... « etc... etc... Die duodecimo mensis aprilis, anno a nativitate Domini « millesimo quadringentesimo septuagesimo sexto. » (Archives des Pyrénées-Orientales, carton d'Elne.)

1. *Gallia Christ.*, *Episc. Eccl. Hel.*, tom. VI, col. 1003.

2. « Sous l'épiscopat de Bernard Hugues, les chanoines de Saint-« Jean se comportaient si scandaleusement dans leur maison canoniale « et claustrale, qu'il devint nécessaire de les en tirer et de les séparer. « Ils reçurent alors chacun en particulier des secours et des provisions

de l'autre, l'antipathie inévitable des ecclésiastiques Roussillonnais pour un évêque étranger ne parlant pas leur langue,

« pour leur entretien. Mais, au temps de Barthélemy (Peyro), ils se « trouvèrent si mal de ce changement, qu'ils voulurent reprendre leur « premier état. N'ayant pu l'obtenir de cet évêque, ils adressent de « vives plaintes contre lui à l'anti-pape Benoît XIII, en l'accusant de « vouloir abolir à jamais la vie commune, d'avoir diminué de plus de « moitié tout ce qu'il était obligé de leur fournir, et de refuser de pour- « voir à leur vestiaire. Benoît remit cette affaire à Guy, évêque de « Préneste, qui la termina par une transaction. » (Arch. de Saint-Jean, Mss. Coma. ; *Catal. des Evêq. d'Elne*, Puiggari.)

« Au XIIIe siècle, Perpignan, sans évêque dans ses murs, sans mo- « nastères antiques, ces deux seules sources de la science publique, « n'avait pu donner à ses clercs, devenus nombreux, l'instruction, « cette solide base de la vertu; aussi le bas clergé descendait peu à « peu, se livrant, sans respect pour le saint caractère dont il avait « reçu l'empreinte, aux arts mécaniques et à la dissipation. Encore « quelques années, nous trouvons les prêtres de Saint-Jean passant « les heures des saints offices à rôder sur les places et le cimetière qui « entouraient l'église, jouant aux échecs, bavardant réunis par grou- « pes, et rentrant tumultueusement dans le chœur, pour recevoir le « méreau (palloffe) qui leur payait le droit d'assistance qu'ils avaient « si saintement gagné. En même temps, le clergé tombait dans une « ignorance profonde, que les moyens les plus énergiques ne purent « vaincre, et dont les siècles même ne triomphèrent pas. On finit par « voir à Saint-Jean des chanoines qui épelaient à peine le latin, et « voici comment l'historiographe du chapitre (un chanoine sans doute), « qui déplore leur ignorance avec douleur, écrit cette douce prière « que l'Eglise lui met si souvent sur les lèvres :

« *Ave, Maria estella,* au lieu de *maris stella,*
« *Dey mater alma,*
« *Nostra te esser mater...* *Monstra te esse matrem.*

« Bonté divine! tant d'ignorance, de bassesse, de grossièreté dans les « mœurs du clergé, n'affaiblit pas la foi solide de nos aïeux. » (Notices sur Perpignan, Tastu, *Journal des Pyrénées-Orientales.*)

« Dans les premières années du règne d'Alphonse V, il s'était formé « à Perpignan une association entre un maître ès arts, un bachelier et « un étudiant, pour créer une école où l'on enseignerait la grammaire, « la logique et la philosophie. Le 4 décembre 1427, on attacha un ca- « nonicat et une prébende à la chaire de philosophie... Celui qui en « était pourvu devait, outre le professorat, donner trente sermons par « an, donner, les jours de fête, des leçons de lecture aux chanoines,

et appartenant à la nation des oppresseurs ; l'agitation sans cesse entretenue dans le diocèse par la révolte permanente du vieux sang catalan contre la domination française et ses injustes rigueurs ; la guerre et les fléaux qu'elle engendre, et, par-dessus tout, la sombre politique de Louis XI, arme à deux tranchants, qui savait aussi bien troubler le clergé dans ses priviléges qu'elle pouvait les lui confirmer au besoin [1] : tous ces éléments de désordre devaient inquiéter vivement Charles, et lui faire donner la préférence aux habitudes calmes et aux loisirs studieux des couvents Poitevins.

Qui pourra s'étonner que, dans des circonstances aussi défavorables, un évêque, déjà éloigné de son diocèse depuis près de trois ans, ait consenti à abdiquer les fonctions épiscopales, si difficiles à exercer dans ces temps désastreux ? Pour moi, bien que la démission de Charles de Saint-Gelais ne soit nulle part motivée dans les auteurs, je n'hésiterais pas à l'attribuer uniquement aux faits énoncés ci-dessus, si d'autres actes d'une grave importance ne venaient m'apporter des arguments encore plus puissants.

Si, dans le principe, j'ai évité de me prononcer sur l'origine de l'abbé de Saint-Gelais, c'est, je l'ai dit, parce qu'en pareille matière il faut être certain de ce que l'on avance. Mais, tout en ne connaissant pas les auteurs immédiats de notre Poitevin, je crois pouvoir jeter un regard sur la généalogie de sa famille [2].

Au nombre des enfants de Mérigot de Saint-Gelais, chevalier, seigneur de Séligny, et de Jeanne de Viron, je vois Jean et Baud de Saint-Gelais, qui tous deux servaient en Catalogne pendant l'occupation française, et suivaient alors la for-

« aux bénéficiers et à un domestique tonsuré de chacun de ces ecclé-
« siastiques. » (*Hist. du Roussillon*, Gazanyola, p. 262.)

(*Voir*, pour plus de détails, l'*Hist. du Roussillon*, de Henry, p. 384 et « suiv., t. Ier, et les édits de 1345, 1361, 1366, 1405 et 1407, relatifs « aux mœurs et aux habitudes du clergé roussillonnais.)

1. *Noticies de la sglesia*, Mss. Coma.

2. *Dict. hist. gén. des fam. du Poitou*, t. II, v° Lusignan, p. 330.

tune de Jean, prince de Girone, fils aîné du roi d'Aragon. Suivant l'auteur de cette généalogie, Baud de Saint-Gelais était capitaine d'une compagnie d'hommes d'armes, et Jean, son frère, recevait, entre autres témoignages d'affection, du prince de Girone, par lettres patentes du 2 octobre 1467, le don d'une terre située en Espagne, sans doute en récompense de ses loyaux services, qui lui méritaient aussi la qualification de vaillant chevalier. Probablement ces rejetons d'une noble race, en passant au service de ce prince, avaient pris à la lettre les obligations du traité de Saragosse, et, en apportant à la fortune de l'Aragonais leur entier dévoûment, ils avaient dû tout au moins compromettre gravement leurs intérêts vis-à-vis du roi de France. Quel lien de parenté unit ces deux personnages à l'évêque Charles ? — Je l'ignore ; mais ne peut-il avoir été très-proche, et, dans ce cas, la crainte légitime de se voir envelopper dans leur disgrâce n'aurait-elle pas pu suffire pour déterminer une démission ?

Mais non ; cette supposition même est inutile. Un motif plus impérieux, et cette fois plus réel, a forcé l'évêque Charles à céder la place à un successeur plus sympathique et plus soumis peut-être au monarque français. Sa démission fut, à n'en pouvoir douter, la conséquence des ordres secrets donnés à du Bouchage, et ils sont assez explicites pour me dispenser de tout autre commentaire :

« ..... 17. Dira à M. d'Albi, en l'entretenant, qu'il prenne » hardiment toutes les bonnes églises qui y vaqueront, et » puis qu'il en avertisse le Roy, lequel y tiendra la main » pour lui, envers et contre tous.

» 18. Pourvoira à tous les bénéfices du Roussillon, et peu» plera les monastères de Français.

» 19. Mettra *tous les officiers nouveaux pour gouverner* » *l'évêché*, tant au spirituel qu'au temporel.

» 20. Baillera le gouvernement de tous les bénéfices, tant » au temporel qu'au spirituel, et en portera le mandement » patent audit d'Albi.

» 21. Dira à M. d'Albi qu'il prenne *l'Évêché d'Eaulnes en commende,* et s'il y a quelque mauvais bénéfice par deçà, » qu'il le promette, et puis qu'il n'en tienne rien, et qu'il » laisse faire le Roy, lequel y remédiera bien...

» .... Fait à Paris, le 23e jour de mars, l'an 1474-1475[1]. »

Je laisse de côté le siége de Perpignan et ses horreurs, décrites par les historiens du Roussillon. Je remarque seulement en passant combien le traité de capitulation de cette ville en 1475 [2] contraste avec les instructions secrètes dont

1. *Hist. du Roussillon*, Henry, t. II, p. 141.

2. Capitulation de Perpignan en 1475. « Articles faits, conclus, « convenus et jurés entre les respectables seigneurs, messire Jean de « Daylon (*sic*), seigneur du Lude, gouverneur du Dauphiné, et messire « Duffou (*sic*), gouverneur de l'Angoumois, chevaliers, etc... et les con- « suls, etc... de Perpignan, sur et pour la réduction à faire de ladite « ville à l'obéissance dudit seigneur roi de France.

« 1. Il est convenu et accordé que ledit seigneur roi de France et « lesdits lieutenants et capitaines, au nom et de la part dudit seigneur « et roi, feront, et par les présents articles font rémission et absolution « générale et sauvegarde perpétuelle, qu'ils ne reviendront, en aucun « temps et par aucune raison que ce soit, sur tous excès et délits que « ledit seigneur roi prétendrait avoir été commis par lesdits consuls, « consul général, nobles, chevaliers et bourgeois et autres de la pré- « sente ville et comtés, etc...

« 2. Il est convenu et accordé que ledit seigneur roi de France et « lesdits lieutenants, au nom et de la part dudit seigneur roi, confir- « meront, jureront et conserveront tous priviléges, libertés, us et cou- « tumes que ladite ville, les bras ecclésiastique et militaire et cha- « cun d'eux, tant en commun qu'en particulier, et quelques personnes « ecclésiastiques, nobles, chevaliers, bourgeois et autres de ladite ville « de Perpignan et comtés de Roussillon et de Cerdagne, possèdent au- « jourd'hui et ont possédé autrefois avec les rois d'Aragon, ne mettant « pas plus d'officiers que n'en comportent les priviléges, lois de ces « terres et constitutions de Catalogne, et qu'ils les tiendront et main- « tiendront perpétuellement. . . . .

« 23. Il est convenu et accordé que lesdits lieutenants et capitaines « du roi de France jureront dès à présent, et que le seigneur roi de « France, dans l'espace de deux mois, à partir du jour de la signature « desdits capitaines, jurera par N.-S. Dieu et la damnation de leurs « âmes, sans pouvoir en obtenir jamais l'absolution, y renonçant ex- « pressément et donnant leurs âmes à tous les diables en cas qu'ils « n'observent pas les choses dessus dites et coutumes dans les présents « articles, et chacune d'elles, et qu'elles aient à être tenues et gardées

on a lu un extrait. Aussi tout ce que la mauvaise foi, l'astuce, la cruauté peut amasser de haine sur le compte d'un souverain, couvre ici la mémoire de Louis XI. De nos jours encore, le Roussillon se souvient de ces temps malheureux, et il n'a fallu rien moins qu'une fusion consommée depuis deux siècles, et le prestige de notre grande nation, pour faire accepter la domination française à un peuple dont l'origine, les traditions, la sympathie et les mœurs appartenaient à l'Espagne.

Cependant, malgré toutes les apparences d'une disgrâce, Charles de Saint-Gelais ne me semble pas une victime bien à plaindre.

Soit, de la part de Louis XI, un retour à de plus équitables sentiments, soit, en définitive, pour toute autre cause, notre Poitevin troqua l'évêché d'Elne contre la plus opulente abbaye du Roussillon. Ce fait, ignoré des auteurs du *Gallia* et des diverses épiscopologies Roussillonnaises, est établi par une série d'actes authentiques passés au nom de Charles de Saint-Gelais, abbé et perpétuel administrateur de Saint-Michel de Cuxa, par les divers procureurs qu'il s'était choisis [1].

L'importance de cette abbaye me confirme dans l'opinion que la remise de l'évêché d'Elne aux mains de Charles de Martigny, en 1475, dut être décidée simplement parce que le Poitevin manquait sans doute des qualités politiques que Louis XI estimait dans son successeur, et que, loin d'avoir été disgracié, Charles de Saint-Gelais, par cette concession un peu rudement sollicitée, il est vrai, sut acquérir la jouissance du plus riche bénéfice de la province, dont les revenus et les priviléges surpassaient ceux de l'évêché.

Peu d'auteurs se sont occupés de l'abbaye de Saint-Michel

« ainsi qu'elles sont ici contenues; et s'il y avait manque de quelques « mots, qu'ils soient interprétés à tout profit et utilité dudit gouver- « neur de Catalogne, capitaines et gens de guerre et habitants de la- « dite ville, etc, etc... » (Traduit du catalan, *Livre vert mineur*, déposé « à la mairie de Perpignan.)

1. Actes communiqués par M. B. Alart.

de Cuxa, et aucun, à ma connaissance, n'en a aussi longuement parlé que M. Ed. de Barthélemy, dont le travail fourmille d'erreurs [1]. Il n'entre pas dans mon plan de les rectifier toutes, et je me bornerai à faire connaître les traits les plus marquants de l'histoire de ce monastère.

Une colonie de Bénédictins vint s'établir, au XIe siècle, au village d'Exalata, dans la vallée d'Engarra. En 846, le comte Béra fit don à cette communauté du domaine de Llar, avec la jouissance des dîmes, oblations, prémices, rentes, etc., dans ce lieu. Pendant quelques années, ce monastère ne prit qu'un faible développement, n'ayant pu réussir à se faire autoriser par aucun souverain. Vers 871, Charles le Chauve, prenant enfin ces moines sous sa protection, approuva leur existence, et leur permit d'élire un abbé selon les coutumes de l'ordre de Saint-Benoît. Une inondation de la Tet, survenue en 878, vint retarder encore la prospérité de ce couvent, en renversant les bâtiments, en noyant le bétail et dévastant les plantations. Ce grand désastre ne devait point abattre toutefois le courage des moines, qui transportèrent alors leur foyer à Saint-Germain de Cuxa, où en peu de temps, à l'aide de donations nombreuses, ils purent élever une nouvelle abbaye, qu'ils placèrent sous l'invocation de saint Michel.

En 1011, l'abbaye possédait déjà de grandes richesses et de beaux domaines, dont une partie leur fut enlevée vers 1075 [2]. Au XIIIe siècle, l'abbé Arnald, peu soucieux de sauvegarder l'intégrité matérielle et morale de son couvent,

1. *Monastères du Roussillon*, Ed. de Barthélemy, *Journal des Pyrénées-Orientales*, 1855.

2. M. de Barthélemy prétend qu'à cette époque l'abbaye possédait 234 villages, alleux et vallées, ainsi que 40 églises. C'est une erreur qu'on ne peut laisser s'accréditer. En faisant ce calcul, l'écrivain a pris Minorissa en Catalogne pour Minorque, et a attribué en conséquence aux moines de Saint-Michel de Cuxa la propriété de cette île occupée par les Maures. Tout ce qu'on peut dire, c'est que Saint-Michel de Cuxa a réellement possédé des alleux ou des revenus souvent très-insignifiants dans un très-grand nombre de villages, et qu'elle avait certains droits sur 40 églises.

laissa les religieux se relâcher des règles de l'ordre, négligea de cultiver les terres, et en aliéna même une portion considérable. Cependant le roi Pierre d'Aragon déclara nulles les ventes consenties par l'abbé Arnald, et les fit rembourser sur estimation, en l'année 1203. Après cette espèce de restauration, l'abbaye reprit un certain lustre : en 1317, Sanche, roi de Majorque, lui fit à son tour de riches donations; en 1460, le Pape prononça l'union de ce monastère à celui de Saint-Martin de Canigou; mais cette union dura peu.

Ce couvent embrassait une vaste enceinte, placée sur une faible élévation au milieu de la plaine, et entourée de murs soutenus par des contre-forts. Cette enceinte était percée de plusieurs portes donnant accès à une grande cour qui menait au cloître. Derrière le cloître se trouvait l'église, avec transsepts et trois nefs à cinq arcades; le chœur était de style ogival, le reste en plein cintre. Chaque transsept était surmonté d'une tour carrée à trois étages, dont le bas s'élargissait en contre-forts, car, de ce côté, l'église servait de clôture à l'abbaye.

L'abbé de Saint-Michel de Cuxa jouissait des honneurs épiscopaux, et était seul seigneur dans ses domaines, où l'évêque d'Elne ne pouvait exercer aucune juridiction. Il convoquait des synodes, conférait les quatre ordres mineurs, nommait à douze cures et à trois vicairies. Il nommait aussi à huit bénéfices pendant quatre mois de l'année; les autres mois, le Pape les conférait.

La mense abbatiale était censée rapporter 12,000 livres.

La possession d'une aussi belle résidence ne put cependant déterminer Charles de Saint-Gelais à abandonner une seconde fois ses compatriotes. Les habitudes et les mœurs Catalanes auraient-elles inspiré à notre Poitevin une trop invincible répugnance? — Je ne puis le dire, et je préfère tout bonnement faire honneur à son patriotisme de cette détermination dont le motif ne m'est pas connu.

Malgré son éloignement, le puissant abbé sut néanmoins

exercer par procureur ses droits sur l'abbaye de Saint-Michel, ainsi que le prouvent divers actes des 12 août 1475, 28 mai et 14 octobre 1477, 15 mai 1479, et 7 octobre 1481, mentionnés dans les registres de certains notaires[1].

Mais le titre d'abbé de Saint-Michel de Cuxa, qu'il cessa

1. Les archives de l'abbaye de Saint-Michel de Cuxa étant perdues et réduites à deux ou trois chartes peu importantes déposées aux archives départementales, ce n'est plus que dans les registres des notaires de la province qu'on peut songer à chercher utilement les éléments de son histoire. Mais l'incurie qui préside à la conservation des manuels des notaires, relégués dans les combles du tribunal de commerce, permet difficilement d'aborder avec fruit de semblables recherches. Le savant M. de Saint-Malo avait eu pourtant le courage d'entreprendre un dépouillement de ces archives, dont il a laissé de nombreux extraits à son gendre, M. L. de Bonnefoi.

Voici le sommaire de quelques actes passés par les procureurs de Charles de Saint-Gelais, pour l'administration de son abbaye de Saint-Michel :

« 1475, 12 augusti. Rev. Dnus Carolus de Sancto-Gelasio, divina « Providencia Elnensis episcopus et abbas seu perpetuus administra- « tor monasterii Sci Michaelis de Cuxano, constituit procuratorem, « instrumento recepto per discretum Anthonium Masdemont notarium « publicum ville Perpiniani. »

« 1477, 14 octobris. — Idem procurator. » (*Manuale* Johannis « Troyard, not.)

« 1477, 28 madii. — Idem procurator. » (*Manuale* Georges Borgua, « not.)

« 1479, 15 madii. — Frater Johannes Villafrancha monachus S. Mi- « chaelis de Cuxano procurator rev. Dni Caroli de Saint-Geles abbatis « dicti monasterii. » (*Manuale* Georges Borgua, not.)

« 1481, 3 novembris. — Venerabilis Bartholomeus de Darnius ca- « nonicus ecclesie collegiate S. Johannis ville Perpiniani viccarius et « procurator generalis rev. Dni Karoli de Sco-Gelasio divina Providen- « cia Margariten-episcopi necnon abbatis et perpetui administratoris « monasterii S. Michaelis de Cuxano prout de dicta procura constat « quibusdam pergamencis litteris ipsius Dni abbatis eiusdem sigillo « in cera viridi in quadam enna pergamenea impresso sigillatis. Dat. « in monasterio abbacialis Maiori (*sic*) Novo (Montierneuf) Pictavis. « die VII mensis octobris proxime preteriti, in posse discreti magistri « Bartholomey de Gareto alias Rouaudi clerici Bituricens. dioces. in « artibus magistri et in utroque jure baccalarii publici, apostolica et « imperiali auctoritatibus notarii... afferme les revenus de Baho. » (*Manuale* Petri Vilarnau, not.)

de porter du reste vers 1482 [1], ne devait pas être la seule récompense de la docilité de l'évêque Charles.

Jean de Châteauneuf, *alias* d'Etampes, évêque de Carcassonne, qui, suivant le *Gallia* [2], avait été nommé en 1471 premier abbé commendataire de Montierneuf de Poitiers, étant mort en 1475, Charles de Saint-Gelais fut appelé à lui succéder [3].

Divers actes me font connaître qu'en quittant l'évêché d'Elne, Charles fut pourvu également du titre honorifique d'évêque *in partibus* de Margarance, dans la province de Servie [4].

En effet, les archives de la Vienne possèdent un titre du 5 février 1476 (1475, vieux style), par lequel « Charles, évesque de Margarance, abbé commendataire de l'abbaye de Monstierneuf de Poictiers, de l'ordre de Cluny, afferme le prieuré de Bouchet, en Aunis [5] » ; ainsi qu'un autre acte de 1482, par lequel le même Charles unit le prieuré de Notre-Dame à l'abbaye de Saint-Benoît de Quinçay, en faveur de Guérin Boisseau qui en était abbé, et d'Etienne Taveau, abbé de Vernuce, au diocèse de Bourges, cette dite union devant cesser à la mort du suivant [6].

Suivant le *Gallia*, Charles aurait également obtenu en commende l'abbaye de Saint-Léonard de Ferrières, près Thouars, *quam certe possidebat anno* 1478, disent les auteurs.

1. 1482, 19 novembris. — Petrus Dei gracia abbas S. Michaelis de Cuxano. (Documents communiqués par B. Alart.)

2. « XXXIX. Johannes de Castro-Novo, alias de Stampis, episcopus « Carcasson. ac primus Monasterii-Novi abbas commendatarius, repe« ritur in pluribus chartis, ab an. 1471 ad 1475, quod diem supre« mum obiisse dicitur. » (*Gallia Christ.*, t. II, col. 1271.)

3. Margarance, ville de Servie, sur la rivière de Margi, qui lui a donné son nom, est actuellement connue sous le nom de Passarowitz. (*Dict. hist.* Moreri. — *Dict. géog.* de la Martinière.)

4. Archives de la Vienne.

5. Archives de la Vienne.

6. « Carolus I episcopus Elnensis et abbas commend, anno 1478. » (*Gall. Christ.*, t. II, col. 1296).

« Ferrières, *Sancti Leonardi de Ferraris abbatia*, abbaye d'hommes

En 1484, le 9 juillet, le prieuré de la Faye-Montjault échut à l'abbé de Montierneuf [1], lequel se trouvait en procès avec plusieurs habitants de ce lieu, au sujet de certain droit de pâture, en l'année 1498 [2].

Je touche enfin aux derniers instants de la vie de notre Poitevin. Je lis, à cet égard, dans le *Gallia Christiana :*

« XL. Carolus II de Saint-Gelais, prior de Faya-mona-» chali et episcopus Margaritensis, quo nomine reperitur in » quodam instrumento Monasterii-Novi, anno 1486, idem » fortasse qui supra Monasterii-Novi commendam obtinebat » 1476 et 1494. Sepelitur in atrio ecclesiæ juxta crucem » lapideam in cujus basi hæc leguntur : Hic est sepultura » D. Caroli de S. Gelasio episcopi et abbatis hujus monaste-» rii ; anima ejus et animæ omnium fidelium defunctorum » requiescant in pace, amen. Locum habet in necrologio VI » nonas julii, melius fortasse IV, alias enim dicitur obiisse » 3 Julii 1500 [3] ».

Si, en commençant la publication de ces documents historiques, j'avais pris l'engagement d'en tirer une conclusion morale quelconque, grand serait mon embarras, je l'avoue, n'ayant, pour juger la vie de Charles de Saint-Gelais, qu'une série de faits purement matériels, dont aucun ne peut suffire pour l'appréciation d'un caractère.

« de l'ordre de Saint-Benoît et de la réforme, fondée vers l'an 1184, « située en Poitou, près les confins de la province d'Anjou, diocèse et « intendance de Poitiers, parlement de Paris, élection de Thouars, à « quelque distance de la petite rivière d'Argenton, à 1 lieue N.-N.-O. « de Thouars, et 2 lieues et demie S.-O. de Montreuil-Bellay. Cette « abbaye est en commende et vaut 2,500 liv. de rente au sujet qui en « est pourvu par le roi, quoique la taxe en cour de Rome ne soit que « de 60 florins. » (*Dict. hist., géog., pol. des Gaules et de la France*, abbé d'Expilly.)

1. Archives de la Vienne. — Collation du prieuré de la Faye-Montjault, par Charles de Saint-Gelais, abbé de Montierneuf, à Robert de Saint-Gelais, prieur de Saint-Jean de Marigny.

2. Archives de la Vienne.

3. *Gallia Christ.*, t. II, col. 1271.

Il est cependant encore un document qui touche pour ainsi dire à la vie privée de cet abbé, et dont les tendances semblent légèrement accusatrices :

« L'abbé Charles II de Saint-Gelais, si l'on en croit certain « factum virulent rédigé par les moines contre son adminis- « tration, avait donné lieu à de grands griefs. On blâmait « surtout avec aigreur son goût trop prononcé pour les con- « structions nouvelles, goût dont il nous a donné un échan- « tillon dans la maison de campagne appelée encore de nos « jours la Folie, qui se trouve située sur la rive gauche « du Clain, près les moulins de Lessart. Mais ses subor- « donnés auraient dû lui tenir compte au moins de ce qu'il « ne réservait pas pour lui seul le confortable et le luxe de « cette agréable villa.

» Je trouve en effet dans des lettres de Pierre d'Amboise, « évêque de Poitiers, dont la permission avait été requise « à cet effet, que le révérend abbé de Montierneuf, plein « d'attention pour la santé de ses frères, s'occupait en 1486 « de faire ajouter à cette maison construite dans la paroisse « de Migné, et connue sous le nom de Grange de Saint- « Gelais, une chapelle ou oratoire. Cette maison était un lieu « de récréation destiné à réchauffer la dévotion, que refroi- « dissait sans doute le silence des cloîtres. (*Quociens partia- « liter recreandis ut virilius ac virtuosius seu ferventius « vacent divinis.*)

« C'était aussi un lieu de refuge contre les maladies con- « tagieuses, qui trop souvent décimaient la population de la « ville de Poitiers, et dans lequel les plus timides pouvaient « aller chercher le calme et la sécurité dont ils avaient besoin « pour se livrer à la contemplation du Très-Haut. (*Aliqui « ex ipsis timidiores possent illuc aufugere et ibidem Altis- « simo contemplari et desservire, utque sic loco et tempore « opportunis peragere devociosius et securius valeant.*)

« Ces attentions délicates ne purent fermer la bouche aux « mécontents, et ils n'en continuèrent pas moins à crier,

« à écrire, peut-être à imprimer que leur abbé était un « homme d'une science bien cachée..... qui faisait dire la « grand'messe bien matin, et lui tardait beaucoup qu'elle « ne fût dite, pour aller dîner [1]. »

S'il était nécessaire, après l'éloquent écrivain, d'entreprendre la justification de l'abbé de Montierneuf, une certaine partie des faits que j'ai signalés n'apporterait-elle pas dans l'esprit du lecteur, à défaut d'une conviction bien vive des talents et de l'austérité de notre Poitevin, du moins celle que la bienveillance et l'aménité furent le fond de son caractère?

Aucune voix ne s'élève contre Charles de cette quantité de manuscrits poudreux qui attestent son passage en Roussillon. Quelques actes plutôt semblent témoigner de sa bonté pour les prêtres de son diocèse. Loin de ressembler à ses nombreux prédécesseurs et successeurs, qui, presque tous, figurent dans le *Llibre de Memories* de Saint-Jean comme débiteurs envers la communauté de sommes souvent très-considérables, que plusieurs ne rendirent pas toujours, Charles n'emprunta qu'une seule somme de deux cents livres, à l'époque de son avénement, laquelle fut rendue l'année suivante [2].

Politiquement parlant enfin, il me suffit de penser que le fait d'avoir un instant déplu à Louis XI, et protesté, par une

1. *Mémoire historique sur l'abbaye de Montierneuf de Poitiers*, par M. Ch. de Chergé, publié par la Société des antiquaires de l'Ouest, année 1844.

Le mémoire accusateur est un manuscrit de 15 feuillets, conservé aux archives de la Vienne.

Je crois inutile d'insister sur l'erreur commise par les Bénédictins, qui semblent donner à croire qu'il a existé plusieurs Charles de Saint-Gelais, tandis qu'il me paraît clairement établi, par tous les documents rassemblés ici, qu'il s'agit d'un seul et unique personnage.

2. « Item a xxx de octobre presta la communitat al reverent seyor « Bisbe dos centes llivres per pagar la vagant so es als seyors en Ga- « briel e Johan Bonanat mercades axi com apar per quarta presa per « lo seyor en P. Masdamont notari. »

En marge est écrit d'une autre main plus récente : « Aquestos cc. l. « ha cobradas la comunitat tessorer mossen Sicartz. » (*Llibre de Memories*, f° LXXX.)

absence calculée peut-être, contre les actes spoliateurs accomplis dans les comtés, ait pu exister, pour que je trouve dans ce fait matière à glorifier la mémoire de l'évêque d'Elne, à lui créer des amis et à faire taire ses détracteurs.

Encore une fois, tout ce qui précède n'est qu'une série de notes dont le seul mérite est l'authenticité ; je laisse à un écrivain plus habile ou plus heureux le soin d'en tirer parti et de mieux dire.

POITIERS. — TYP. DE H. OUDIN FRÈRES.

www.ingramcontent.com/pod-product-compliance
Lightning Source LLC
LaVergne TN
LVHW020257230826
846091LV00006B/2466
* 9 7 8 2 0 1 1 3 2 4 3 7 5 *